시집

바람이 전하는 시작

바람이 전하는 시작

심현옥 시집

발행일 | 2024년 6월 15일

지은이 | 심현옥

펴낸곳 | 도서출판 시와 이야기

주 소 | 서울특별시 중구 마른내로 8길 14 3층 (인현동 2가)

전 화 | 010-8947-2462

Email : heir201933@gmail.com

ISBN 979-11-93520-04-8

이책의 판매 공급처 | 도서출판 시와 이야기

· 이 책의 내용은 저작권법에 따라 보호받고 있습니다.

시집

바람이 전하는 시작

심현옥

시인의 말

황혼이 드리워질 때면 노을빛에 어우러지는 산빛을 동경하며 흐르는 시냇물과 우짖는 새소리까지 그리워 마냥 가슴 울렁거렸습니다
인고의 날 딛고 서서 숱한 날들, 제 자신을 채찍하며 추억을 적시던 빛나는 시어들을 건져내고 싶었습니다.

목마름에 무딘 붓끝이 사뭇 떨리는 이 순간에도 창작의 기쁨은 늘 가슴 속 작은 감정들이 되살아나 담아내는 언어의 꽃으로 피어난 듯 합니다.

글밭을 가꾸어 가기에는 아직 미약하여 그저 쇠잔한 마음 감출 수가 없지만 미세한 소리까지도 귀 기울여 담아내고 채워가는 기쁨으로 아름다운 세상을 그려보고 싶었습니다.

처음으로 가슴 속 깊이 꿈틀대던 저의 시적 분신들이 비로소 세상에 선뵈이게 되어 정말 설레고 기쁩니다.
초산의 아픔을 어찌 다 표현할 수 있으리이까

혼신을 다해 담아낸 시편의 글들이 많은이들에게 위안이 되고 치유하는 활력이 되기를 원합니다.

저의 시집 '바람이 전하는 시작' 을 통해, 저는 작은 것들이 가지는 중요성과 고통을 긍정적으로 바라보는 시각을 여러분과 나누고자 합니다. 저는 창작의 과정을 통해 제 자신의 감정을 표현하며, 그 과정에서 얻는 즐거움과 깨달음을 여러분께 전하고 싶습니다.

저의 시가 독자 여러분께 전달하는 메시지는 단순합니다. 삶의 고통을 긍정적으로 바라보고, 순수한 감각으로 세상을 바라보며, 창의적으로 자신을 표현하는 것이 얼마나 중요한지를 깨닫게 하는 것입니다.

우리는 모두 인생의 황혼이 드리워질 때면, 지나온 날들을 돌아보며 추억과 감정에 젖곤 합니다. 그 순간에도 저는 시를 통해 제 내면의 감정들을 언어의 꽃으로 피워내고자 합니다. 아직 미약하지만, 글밭을 가꾸어 가는 기쁨을 통해 아름다운 세상을 그리고 싶습니다.

초산의 아픔을 경험하며 창작한 시들이 여러분께 위안과 치유의 힘이 되기를 소망합니다. 이 모든 일을 가능하게 하신 하나님 가족들에게 무한한 감사를 드리며, 아름다운 삶의 여정을 함께하는 모든 분들과 이 기쁨을 나누고 싶습니다.

여러분의 가슴 속에도 작은 감정들이 언어의 꽃으로 피어나기를 바라며, 저의 시가 여러분의 삶에 작은 위로와 영감을 주길 바랍니다.

2024년 5월 곰나루에서
심현옥 시인 드림.

목차

시인의 말   4

1부 고향의 노래

시골버스	16
끝자락의 황홀경	17
녹아흐르는 흔적들	18
나이테	19
타들어 가는 달빛	20
잡초가 어때서	21
꿈들의 고향	22
야윈 여름 쟁기질하다	23
빈집에 내려 앉아	24
긴긴 하룻길	26
언덕빼기 아우성	27
그루터기의 고독	28
목마름의 염원	29
어우러지다	30
먼산 바라기	31
추억 하나에	32
내 동무 숙이	33
만찬, 그 넉넉함에 녹다	34

마을 어귀에는	35
그리운 내 동무, 잘 가	36
바람의 행로	38
꿈길을 걷다	39
손끝에서 펼치는 불사위	40
잡초에 묻힌 옷소매	41
일상의 굴레를 벗다	42

2부 계절, 그 아름다움에

귀를 열어 보아요	46
여울진 산책길	47
어스름 저녁	48
삼월의 한 낮 포근한 입김	49
푸르름의 향연	50
아침나절	51
꽃잎에 녹아든 사랑	52
묻어나는 가을사랑 (1)	53
묻어나는 가을사랑 (2)	54
잃어버린 꿈을 향해	55
삼월, 해맑은 미소에 젖다	56
꽃피는 사월, 돌아오면	57
마라의 쓴물	58
무르익은 산자락	59
만추의 아침	60
교집합이다 그대와 나는	61
바다 위에 눕다	62
계절의 순화	63
비발디 사계, 음율	64

12월의 뒷모습	65
하늘을 안으라 한다	66
낙엽을 쓸며	67
동산 지킴이	68
고독한 여름나기	69
봄을 수선하다	70
장터에서	74

3부 일상을 헹구다

빨래	75
오늘 하루 쯤	76
꿈꾸는 바다	77
민족의 꽃	78
치매	79
바닷가에서	80
갈림길	81
기쁜소식 전하리라	82
생일 아침에	84
갈망	85
일상에 묻혀	86
손주녀석 재롱이 걸려있다	87
폐지 줍는 할머니	88
희망 한 줄기	90
참새의 하루	91
터미널에서	92
이산의 아픔	93
이산의 아픔(2)	94
삼겹살 파티	95
하품 앓이	96
인고의 아픔	97
축제의 밤	98

무릎관절	99
치과에서	100

4부 그리움을 찾아

새벽시장	104
세월속의 당신 (1)	106
그대 안에	107
그림자	108
시인의 길	109
넋두리	110
낡은 실타래	111
멍에	112
거울 앞에서	113
첫사랑	114
세레나데	115
문학의 꿈	116
노송의 여정	117
연모	118
축복 속 그대들	119
세월속의 당신(2)	120
나이를 잊고 싶다	121

시작(始作)	122
혼자라서	123
묻지 마세요	124
더불어	125
그대 앞에 설렘은	126
연서 한 장	127
체념의 기로	128
황혼이 질 때면	129
우리 아가, 동규야	130

1부

고향의 노래

시골버스

깨끗한 거울처럼 흐르는 풍경
두 팔 벌린 산을 휘감고 도는
눈 감으면 떠오르는 자화상
하루 서너 번만 오가는
귀한 손님
새 길 품고 달리던 광신여객은

내 유년의 머리맡에서
발길로 다져오는
희망의 꽃으로 태어난다

고향의 향기를 품은 별빛 추억에
끝없이 펼쳐지는 시골길
흙먼지 질주하는 버스는
어머니의 밭을 가르며
우람했던 돌보다리를
품고 서는 마을 이정표
계절의 순환을 따라
긴 세월의 강을 거슬러
풀빛이 속살대는 고향은
싱그러운 풀내음으로
살아나는 스무고개 조각달이다.

끝자락의 황홀경

하루해가 뉘엿뉘엿
몸져 누운 저녁
덧없이 흐르는 시간의 무게
가슴앓이는
초침 속에 감겨진 굴레
무거운 어깨 토닥이며
흐릿한 그림자로 남는다

겨울이 녹아 흐른 냇가
굽이진 물줄기 어우러져
시린 얼음과자를 건져내어
바람부는 옥상 위
빨래 널듯 매섭다

일락서산 노을 아물거리면
회상에 묻혀버린 마을언덕
뛰어 놀며 거닐던 오솔길
초연하게 색경 이루는데
산 중턱 펼친 물안개
어리는 얼굴들이 그립다.

녹아흐르는 흔적들

삶의 표상들이 녹아내리는
마을 뒤 냇가에는 겨우내
무리지어 어울린 흔적들이
첩첩이 쌓여 있고

어룽지던 윤슬
피어오르던 물안개
유유히 흐르던
그 시절 냇물은 오간데 없이

앞다퉈 쏟아내는
마을 주민들의 고단함만
물살에 끌려가며
애달픈 삶의 한자락 들춰낸다.

나이테

속절없이 흘러가는 주름살
세월의 강나루
발자국 남긴 흔적마다
내달리던 고향의 추억
그리움은 배가 되어
마을 뒷동산 놀이동산
술래잡기, 땅콩치기, 골목길
둘러진 시간의 잣대에
하나 둘 쓸어 모은 흔적들
고무줄 뛰기 한다

내려앉은 틈 사이마다
말똥가리 굴러가는
동무들의 웃음소리
원두막 옥수수처럼
골골이 피어나는
고향 언덕 풀벌레소리

타들어 가는 달빛

긴 하루 해가 지도록
널따란 들판 휘젓다가
어스름 저녁
발끝에 굴러 숨어들면
부서지고 짓누르던
목마름 녹아드는데
세월을 태우는 냄새
가슴팍에 파고 든다

한낮엔
풀내음에 젖고
밤엔 별헤느라 취하고
시간의 뒷편 시린 가슴
초가을 수놓은 달빛 사연

잡초가 어때서

태어나면서부터 쏟아지는
눈총세례
허물어져 가는 아픔 짓누르며
눈물 말리는 못난 모습

농군 허리 휘청거림도 모자라
쥔장 밥그릇 빼앗는 도적 놀음
풀어내지 못한 심사 뒤틀린들
어찌 푸념할 수 있으랴

짓밟히다 붙들리는 삶
질긴 여정 이골 났으니
무에 슬프다 말하리까

뭐 어때!
온 천지가 내 세상인걸

꿈들의 고향

하늘을 가득히 품은
마당에 누워서
등불 같은 별들을 안고
가슴에 꿈들을 가득 드리웠던 시절
한 사발 추억을 마시고 나면
생생히 되살아나는
고향의 정경

별들이 쏟아질 세라
가슴을 열고 헤집고
하얗게 피어오른 찔레꽃
뒤척이는 꽃잎 위로
살포시 푸른 새벽
총총 내려앉는다.

야윈 여름 쟁기질하다

황량한 심중에 씨를 뿌린다
폭염이 잉태한 검숭한 잎새
핼쑥하게 야윈 여름
널린 돌맹이 골라내고
가시덤불 사이 키운 탐욕
마음 밭 쟁기질한다

보채는 일손 뿌리마다
젖줄되어 흐르는 숨결
능금빛 노을 드리워진
구릿빛 얼굴 반쪽엔
흐르는 이마 땀방울
한아름 햇살 안긴다

고개 숙인 이삭
무게 만큼이나
열리는 사랑
휘청거리는 줄기도
믿음의 뿌리를 내리는
밀짚모자 풍성한 들녘

빈집에 내려 앉아

떠도는 구름 바람처럼
돌고 돌아
낡은 기와 지붕 위
얼어붙은 호박덩이 위로
때아닌 싸래기 눈가루
희끗희끗 내려앉아
외로움을 토로하면

황량한 세월에 매달려
안방 가득 들어찬
고단한 삶의 흔적들
널브러져 바라본다

나풀거리는 문풍지 사이로
새봄이 찾아 든 햇빛 한 줌에
후미진 곳 곳 누비던 바퀴벌레들
허둥대는 발걸음이 빠르다

마당 한 켠 나동그라진
깨진 항아리
햇볕에 몸을 말리며
꿈뻑거리는 싸립문 화단

작년 봄 수줍게 피어나던 꽃잔디
파란얼굴 내미는데
시골집 닮은
이 빠진 할머니를 만난다.

긴긴 하룻길

노곤한 하루 짙어진 가로등
부은 다리처럼 걷는 노정은
가고 싶어도
갈 수 없는 골목
치잣빛으로 물들어 있는 하루
나뭇가지에 걸렸다

산기슭에 그림자 길게 드리운
욕심 많은
블랙홀의 회오리바람
뭉개진 돌담 아래 펼쳐 놓아
한줄기 빛 가슴 후비는
촉수 구이처럼
춘풍에 둘둘 말아
구비진 여정
반짇고리에 묶어
장농 빈 소쿠리에 담는다.

언덕빼기 아우성

나즈막한 뜨락 한 켠에
구름 뒤로 숨어든
달그림자
실개천 포말 부서지고 부서져
사무친 그리움만 남은 사진첩
지나간 옛 정취의 행간에서
벌건 눈망울만
돌돌 굴린다

주름진 표피의 얼굴에 드리운
가슴 저민 벌레들의 아우성
나뭇잎 퍼덕임 소리에
여물지 않은 일상 채색하며
고물거리던 빛깔 퍼올린다.

그루터기의 고독

들판에서는 들판만큼
마당에선 마당만큼
하늘을 들여다 놓는다

닿을 듯 말 듯한 발돋움
밑동 잘린 그루터기와
아픈 생채기 담은 감정들
서로 등을 겨누며 외면하는
휑한 들녘엔
간간히 내린 빗줄기에
희로애락 속 치밀어오른 고독
가슴 적시는 솔잎향 음율에
한줄기 소망을 그려본다.

목마름의 염원

늦겨울 하늘 꿰뚫는
잔설의 은빛으로 부는
바람처럼
지난 기억은
나뭇가지 끝에 걸리고

절박하게 들려오는
엉겨붙은 숱한 언어들도
외롭게 서 있는 가로수
갈증의 뿌리를 내리고
가지 끝 눈물
가슴속에서
풍선처럼 날아 올라
낙원을 꿈꾸려한다.

어우러지다

잊혀지지 않은
시간의 잣대
얼음 녹은 가지마다
꽃향 얹어 천국정원 봄향기
가슴사이로 부는 바람
하늘 가르는
해금 선율 위에
달빛처럼
쏟아져 내리더니
청아한 이슬 어우러져
부푼 가슴을 적신다

심술난 꽃샘바람
온몸 흔들어
전원교향곡 허공을 맴돌다
가지 끝에 걸터앉은
새들 처럼
한 줌 햇살되어
노래 빚고 있다.

먼산 바라기

마른 숲을 휘감던 바람은
나뭇가지 흔들며 걷습니다

푸르른 사연 빼곡히 들어선
텅 빈 허공을 움켜쥔 채
모진 바람 어깨 들썩일 때도
온몸을 적시는 춤사위로
소쩍새 울음 삼키더니

논둑 밭둑 휘감아 돌던
간드러진 바람 유혹에
먼 산 바라기 되어
달빛에 젖어 울고 있습니다.

추억 하나에

생의 한복판을 걸어온
발걸음 한 켠엔
사무친 흔적 보듬은
희미한 추억하나
파르라니 푸른 잎새
혼자 떨림으로 서 있다

모래 서걱이는
은빛 바다의 출렁임은
나뭇가지 사이 바람의
흔들림으로 남아
오월의 숲을 꿈꾸고 있나 보다

숨죽이던 바람의 고요
메마름의 시간이 휩쓸려 간다.

내 동무 숙이

코끝 바람 밀려올 때면
덧니 하얗게 드러내며
달덩이처럼 환희 웃던 동무

알프스 산맥의 신비한 절경
요들송에 취해 기쁨나누는
영화속 하이디의 모습이다

외롭고 소외된 자들에게
쉼없이 나누는 밀애
촉촉하게 배어든 잔 이슬

두터운 손 내밀어 안을 때는
영락없는 첫 두레박
샘물같은 어머니 얼굴이다.

만찬, 그 넉넉함에 녹다

겨우내 쏟아내던
칼바람도 힘을 뺀
늦겨울의 사당고을
빈 가슴 드러내던 나뭇가지들
스르렁거리는 바람결에
으스스 동무들 마중하고 있다

휘영청 솟아오를
만월의 미소
가슴팎에 껴안고
긴긴 이야기꽃 무르익는데
풀숲에 어우러진
고향 언덕빼기
금성산 하늘빛
지울 수 없는 풋풋한 향기
수십여 년 새김질 해오던
유년의 풋풋한 이야기들
넘치는 그 시절 넉넉함까지
구르는 웃음 가슴에 안긴다.

마을 어귀에는

빈 들녘 잿빛 목마름에
고단한 삶 자맥질하니
샛강에 몰아친 바람은
허허벌판을 태우는데

수런거리는 길목마다
꽃소식 짙어진 매화목
한바탕 꿈으로 깨어나
정겨운 춤사위 흥겹다

금성산 넘어 온 햇살은
물기 머금은 냇가 모래
물빛고운 마을 저수지
삭풍에 살애는 아픔도
세파에 시달린 상념도
품어낸 어머니 젖가슴

그리운 내 동무, 잘 가

소복히 쌓인 그리움 실타래
온몸에 업혀오는 슬픔과
그대 향한 마디마디 녹아드는
장롱 안에 숨겨 둔 사진첩
늦가을 빈 나무끝에 매달린
바람이 되어
가을꽃으로
젖어 내리고 있습니다

창밖으로 지나가는 날들
언제나 환한 미소로
따뜻한 마음 채워 주고
젊은날의 식지 않은 열정
후미진 구석구석 전하려던
그대의 값진 땀방울은
모두의 가슴속에 녹아
영롱한 빛을 발하리라

그리워 목이 멘
동무들의 마음 뒤로하고
애달픈 추모곡
안타까운 흔적만 남긴 채
어찌 그리 떠날 수 있단 말인가
동무들과 헤어짐이 강물처럼
못내 아쉬워 불편한 몸 마다잖고
달려와 마지막 정을 나누던 날
지울 수 없는 안타까운 마음
어찌 다 표현할 수 있으리요
이제 그대 향한 정든 노래는
더 이상 슬픔이 아닌 희망으로
붓질하려 합니다.

바람의 행로

요동치던 바람의 흔적은
살속 파고드는 상처를 안고
웅크린 채 용솟음치던 하루
미명의 새벽을 가르며
메마른 시간에 휩쓸려 간다

회색빛 구름 휘젓고
보이지 않은 일상의 의미
되새김으로 보듬어
저마다의 느껴지는 상념들
낯설음에 머뭇거려
여름을 따라 숱한 얘기를
흘리고 있다.

꿈길을 걷다

두 눈을 감는다
어지러히 널브러져 있는
깊은 상념들을 모두어
헤아릴 수 없는 숱한 애달픔
스치듯 목소리를 보듬고

이마 스치는 달빛에 젖어
마음 한 켠 다다른 곳은
고향을 못미친 돌보다리
졸졸졸 노래하는 개울가
높은 가지 휘청거리던
포플러, 플라타너스
녹색정원 잎사귀 사이로
구름과 여린 달빛이 일고
낯익은 정담이 흘러오는데

들어보면 나즈막한 음성
어머님 목소리를 닮았다.

손끝에서 펼치는 불사위

달빛에 가린 별들이
쏟아져 내리는 하늘가
휘영청 차오르는 만월
둥근 미소를 끌어안고
논밭두렁에 쪼그려 앉아
쥐불 깡통놀이 빨갛다

도깨비불 휘익휘익
불사위 펼쳐지는데
한햇동안 걸어갈 꽃길은
산이 탄다, 들이 탄다
오라버니들의 손끝에서
허공을 가로지으며
마술을 펼치고 있었다.

잡초에 묻힌 옷소매

불어오는 실바람이 살가웠다
뒷산마루에 걸려 있는 햇님
단잠 깨어난 소달구지 들녘에
청록빛 향연 속삭임 펼쳐지면
희미하게 떠오르는 내게는
어머니의 목소리 담은
속삭임이었다

플로리다 오렌지 향처럼
포성에도 흔들림 없는 너그러움
논배미 잡초들의 설움 안으니
어머니의 흔들리는 옷소매
연중무휴 쉴 틈이 없다.

일상의 굴레를 벗다

늦겨울도 이른 봄도 아닌데
바람과 햇살이 서로 밀고
따순빛 사이로 내린 때아닌
빗줄기 같은 노래 겨울이 녹던 날
별명도 많았지 그리운 얼굴들
넓다란 들판 흐드러지게 피던
아카시아 향기 퀴퀴한 외양간
마저도 마냥 그리워지는 고무줄
술래잡기 동무들 한곳에 모였다
달리기 잘하던 점균이 정덕이
언제나 소년같은 영내
때따치, 노고지리, 신암 똥가방
별명도 많지
오리 남짓한 학굣길에
지각할세라 책보자기 뒤춤에 메고
고무신 거머쥔 채 내달리던 머슴아들
큰 도시락 속 구석에 박힌
반찬그릇 속의 김치 몇가닥들
숨막힌 듯 일통 저질러

국어책, 산수책 빨갛게 물들인
가슴 시린 유년의 추억들
감꽃 실에 꿰 듯
너도나도 끌어올려
학교종 울리면 재잘대던
추억의 도시락 냄새
널브러진 싱싱한 횟거리들도 놀라
퍼덕거리며 말동무 한다
흘러도 흘러도 끝간데 없는
시간의 자리 못내 아쉬워
잊혀졌던 시간 속에
저마다 그리움의 잣대 포개 놓고
일상의 굴레에 휘청거리던
갱년기의 고뇌 다 잊은 듯
술빛에 타는 얼굴 건져내고 있었다.

2부

계절, 그 아름다움에

귀를 열어 보아요

코 끝에 앉은 봄향기 스며들어
나뭇가지마다 푸르릉 우짖던
새들의 무도회 흥겹고
벌판 가득 채우는 현란한 날갯짓
온갖 생명들이 눈을 뜬다

겨우내 숨고르며 봄을 기다리던
비닐덮개 속 채소 작물도
웅크리던 빗장을 열어 흐흐흡
코가 벌름대고 내내 몸살을 앓아
짓이겨진 그루터기들이
봄 향연에 감옥같은 정신을 깨우며
논배미 불을 켜느라 부산을 떤다

봄의 전령 개나리 아가씨의 눈웃음에
설레는 가슴 뿌리칠 수 없는 향기
지경을 넓히는 광대나물까지
속옷 사이로 들어오던 떨리던 마음
보슬거린 흙더미 사이 봄의 서곡은
겨울옷 갈아입고 꽃잎을 입는다.

여울진 산책길

연분홍 봄의 유혹이
보초를 서고 있다
간간히 이는 바람
가슴 속 파고드는
한적한 오솔길
앙상한 곁가지 비틀며
부풀어 눈을 뜨고
아침 풀빛 두른 담벼락에
닳아 문드러진 싸리 빗자루
과거를 쓸고 있다

마음까지 보랏빛으로 여물어
빈 나뭇가지 문틈 사이에
빼꼼 내미는 개똥지바퀴
눈비비는 아침 하모니로
허공을 맴도는데
길가에 나동그라진
낡은 의자 아래
주인 잃은 고무신 한 짝
휑한 모습 애처롭다.

어스름 저녁

질척이던 일상
어물어물 저물어 가고
설익은 달빛
몇 조각 풀어 놓은 듯
애꿎은 추억의 실타래만
동동거리는데

얼굴과 가슴 스치는
살랑이는 봄바람에
외면당한 청춘도
연둣빛 사랑으로
꽃처럼 웃는다.

삼월의 한 낮 포근한 입김

햇살과 바람이 깊게 스민
삼월의 한 낮
삶의 향기 온몸에 물이든다

고운 햇살로 다가서는
봄바람 언덕배기에 앉아
새봄을 꿈꾸던 희망
잡초들에 뒤질세라
봄을 터트리려 벌름거리며

봄처녀 가슴 설레던
매화 꽃망울도
삽살개 신이 난 듯
붉으레한 황토 오솔길
정답던 뒷산 소나무 위에
바람 한 줌 걸어 놓는다.

푸르름의 향연

연둣빛 부는 바람
초여름 생솔가지
산비탈 빗질 하듯
꽃과 나비 수를 놓는다

어스름 새벽 여는 잔잔한 운무의 숨결
이슬 맺은 풀잎 사이로 들려오는 선율
시골 장날 눈깔사탕처럼 달콤한 세상
소망의 빛으로 넘실거린다

후미진 구석마다 질척이는 삶의 질고
흩뿌려 놓은 상념
빛부신 그대 손 끝에 앉아
하늘을 걷는 삐에로처럼 두근거린다

카라얀의 지휘에 멋진 호흡으로
싱그러움을 길어올리는
사랑의 장곡 엮어
신화의 곡절 다듬어
푸른 희망을 붓질한다.

아침나절

아랫목 일어나기 싫은 온기에
잠을 벗는다

누런 이끼 낀 오염된 세상
거슬러 올라서는
상하지 않은 싱싱한 아침
삶의 푯대를 향해
질주하는 사람들의
발걸음이 빨라진다

오솔길엔 별들의 이야기
풀잎에 맺혀 흐르고
초록빛 정답던 물고기
동강댕강 풍경화 그리는
화가처럼 아침을 날고 있다.

꽃잎에 녹아든 사랑

언덕배기 사랑으로 내려앉은
솜사탕 순백의 여인
풀벌레들의 시낭송
소리꾼 참새 소리 보듬고
가을여인 하늘 이고 있구나

쓰임 많아 이름도 많지
선모초 구일초 관절초
새하얀 꽃으로 돌아와
세파에 밀려 온 몸 눌려 찢긴
뭇영혼들의 심신 다독여주는
포근한 입맞춤의 정성
꽃잎마다 포롯포롯
어머니 기도 피어난다.

묻어나는 가을사랑 (1)

짙은 풀내음 한껏 머금은
어스름한 끝자락
단풍잎 엷게 배어나는 하늘
실바람 떨구며 다가온다

낙엽에 담긴 구두소리는
그늘에 묻혀버린 거리
메마른 귓가에 실려와
연거푸 울어대는데

모래알 가득 문 산자락
두어 번 씹었다가 비단 조각
토해내면 빈 자리엔
현란한 갈색 외투 넘실거리고
저마다 쏟아내는 빛깔의 마술
감기는 눈부신 자연의 맛이다.

묻어나는 가을사랑 (2)

늘어진 장밋빛 햇살
빈 하늘 가득 묻어나고
긴 꼬리를 두 팔로 뻗어
눈감은 이의 가슴 스치며
지나간 삶의 물결

감겨진 눈속에는
철지난 기억만이 아닌
품안에 꿈틀대는 갈바람
고운 향내 입힌 들국화
발 아래로 행진하는 낙엽들
흔들어 휘저어도
흐트러지지 않을
물결인 양
저린 심신 다독인다

한 발 두 발 내딛으면
무너지고 흩어지는 조각
박혀있는 지난 아픔들의 고백
무거운 눈꺼풀 무심히 바라보면
시골집 지붕 사이로 비추는 상념

잃어버린 꿈을 향해

햇살에 실려오는
따순 바람에
메마른 껍질은
도약대가 되고
차마 끝내지 못한, 누군가의 손길
바라지 않은 나무는
스스로 서기를 희망한다

뿌리를 뻗어가며
포근한 입맞춤 실어
꿈을 향해
차오르는 생명은
쏟아지는 햇살속에서
하루에 하루를 채우며
튼실한 열매 꿈꾸고 있다.

삼월, 해맑은 미소에 젖다

땅 밑에서 가득 솟아나는 향기
삼월의 작은 하늘 가득 안으며
춤추는 바람소리 서걱일 때마다
연녹의 생명들 피어 오른다

감추어진 생장점 흔들어 깨우며
어여쁜 얼굴에 드리워진
흉내낼 수 없는 해맑은 미소
후미진 구석구석 씻어내리는
눈부신 천사 소망의 빛이로다

쉼없이 나누는 은혜의 샘이요
마르지 않는 물댄 동산이요
촉촉하게 배어든 잔 이슬은
오갈데 없는 나그네들의
나무지팡이 푸른 초장이다.

꽃피는 사월, 돌아오면

꿈의 젖은 얼큰한 트롯트
초연한 시낭송 읊조리면
고운 모습으로 수를 놓은
꽃잔디들의 웃음
마당 가득 들여 놓는다

화려함 잃은 웃음
넋이 되어 흩날리다
발끝에 몰린 벚꽃잎들도
떠나야 할 때를 가늠하는지
황혼길 뒤안에 서성인다

머리 들어 하늘 올려다 보면
먼 하늘 노을 뒤에는
채 식지 않은 꿈들이
한자락 아쉬움 토로하는데

다시 여린 꽃잎 피어나고
하늘 휘젓던 구름 춤사위
포플러 이파리들도
신이 난 듯 봄을 입는다.

마라의 쓴물

흔들리는 세찬 바람 속
믿음없이 방황하는 세상
한 톨 밀알로 세우신
불꽃같은 하나님의 섭리

마라의 쓴물
한 잎 나뭇잎 던져
단물되게 하신 능력으로
금빛 이삭 가르고 피우사
수백 배 결실하게 하소서

삶의 미개척지 향한 길
고난의 가시밭길 되어도
새날 펼치는 광대한 세계
덩이 큰 태양 같은 은혜
목으로 넘어드는 기쁨의 찬송
천군천사 하늘빛 흘리시어
어둠속에 빛을 품어 주소서

한 톨 밀알 옥토에 떨어지듯
베드로의 그물 내리리이다
새벽 눈물 방울로 적신 기도
작은 소망 땅에 앉기까지

무르익은 산자락

창문 비집고 들어오는
햇살 뒤로하고
오솔길 따라
야트막한 산자락을 읽는다
채 익지 않은 상수리에 안겨
파닥파닥 하루살이의 날갯짓
내일을 알 수 없어 애처로운데
솔잎끝에 매달린 고추잠자리
담아내는 눈빛이 매섭다

자연이 주는 풍요에
겸허한 삶이 물들고
그림자 길게 늘어뜨린 노을
산자락에 걸려 있는
한조각 구름 보듬어
가슴에 안기는 가을은
낙엽지는 연극 무대이다.

만추의 아침

깊은 골에 자릴 튼 옹달샘
물에 비친 얼굴처럼 다가오는 아침
밤새 별무리에 감겨
흐느적대느라 노곤한지
운무의 숨결로 내려앉고

붉게 물든 단풍이파리
만추 삭풍에 움찔이고
고운 자태 감춘 뒤안엔
갈길 바쁈 낙엽들 뒹군다

매서운 칼끝 바람
스카프 휘날리며
뒷산 오솔길 따라
동풍 안고 날아 오른 참새처럼
늦가을 분주한 아침을 걷는다.

교집합이다 그대와 나는

꽃보다 꽃이 좋은 나이
무대 유희 출렁였는데
서산마루에 걸린 노을빛
녹여내고 있다
고단한 하루

쉴새없이 밀려오는
부서지는 하얀포말에
가슴까지 치닫는 추억담
교집합이다
그대와 나는

바다 위에 눕다

별빛 미소 부서지는 바다에
하얀 물거품 솟구쳐 오고
미처 전하지 못한 등대지기
뱃고동 노랫소리 한 조각
멍든 바다 위에 드러 누웠다

솔바람 가득 실은
굽은 소나무
지난 여름 여물지 않은
솔방울 두어 개
비쩍 말라 뒹굴더니
심심한 솔가지에 앉아
쓰디쓴 웃음 흘리고
짙푸른 파도소리 위에
아쉬움만 흩뿌리고 있다.

계절의 순화

봄꽃 갈아입는 옷들
푸른 물감 신록의 계절
뽀얀 안개 물빛에 젖어

시냇물 새소리 어울고
잠들지 못하던 새벽 안개
풀잎 이슬같은 아침이다

장독대 옆 날개 편 붓꽃
산들바람에 녹아 드니
꽃잎에 안겨드는 포옹
가슴팎에 걸어 놓는다.

비발디 사계, 음율

싱싱하게 부풀어 오른
삼월의 하늘정원 미술관
미세먼지 거둬 내어
들꽃향기 뛰어노는 벌판
웅크린 생명들 깨어난 소리
신비로움에 덩달아 바쁘고

비발디 사계의 음율은
텃밭 과실수 나뭇가지 앉아
대자연을 노래하는데
전깃줄에 감겨 울던 비둘기
빨래 말리듯 하늘을 그린다.

12월의 뒷모습

송곳바람 털장갑을 파고든다
어둑한 하늘 드리워지며
열두 개의 디딤돌 사이 사이
노곤하게 남은 목숨 걸려있다

한 장 남은 달력 속에는
삶의 여정들이 녹아내리고
푸릇 돋아나는 새싹도 보이고
뙤약볕 아래 풀과의 전쟁 선포하며
송글땀 훔치던
촌로의 구릿빛 초상화
피곤함에 누워있다
비바람 휩쓸고 간 빗자루
들고양이 황량한 들녘에
풍성한 가을걷이 여념없던
농부들의 해맑은 웃음 소리

쏟아지는 햇살처럼 걸려
코로나에 갇힌 삼 년여 세월
혼신의 힘을 다한 수고로움까지
힘겹게 살아낸 터전에서
열정 쏟아낸 모습들이
새벽별처럼 빛나고 있다.

하늘을 안으라 한다

밤새 뜬눈으로 지켜서는 불빛들
어둠의 심장을 가르며
건들건들 산들바람에
졸리운 들고양이 얼굴처럼
생명이 움트는 소리를 깨우며
나른한 오후를 삼킨다

건성으로 서 있는 하루도
물기 젖은 생각들을 말리며
부부싸움 멍들어 아픈 하늘
부서지는 하늘을 안으라 한다

흘러버린 시간들
머리 위 별무리되어
밤하늘 속에 익어 가는데…

낙엽을 쓸며

겨울을 재촉하는 가을비
갈길 바쁜 낙엽들
담벼락 한 견에 모여
젖은 몸 말리며 꿈뻑인다

기약없는 햇살 기다리다
애가 타 오뉴월 뙤약볕
온몸으로 받으며
견뎌낸 인고의 나날
수고로움 딛고 선
미소의 여유
그 아름다운 자태는
세월의 흔적 고스란히 담아
거무스름한 삶이 물들었다

내게는 다시 읽고 싶은 시
사랑스런 가을사랑이다.

동산 지킴이

한겨울 동산 한 켠 메우는
무성해지는 푸른 숲이 있다

세상을 보듬어주는
바람결이 되기도 하고
후르르 내뱉는 잎사귀가 되어
긴 밤의 번민 쏟아내고
온 세상은 노랫소리 가득하다

끌어올린 목혈의 끈기
저린 역사 녹여내는데
얽히고 설킨 사연 담아내며
우직하게 자리한
고된 연륜의 소나무들은
밤같은 아침을 꿈꾼다.

고독한 여름나기

숱한 별들에 둘러쌓여
가려진 날들 되새겨 보니
혼자만의 독한 가슴앓이
가슴 팎에 젖어드는데

지난 추억을 반추하며
슬픈 웃음에 묻어나는
콩냥거린 아름다운 글에
터질 듯 팽창해진 사념
용솟음 친 날개 아래 거둔다

가로등 어둠을 빠져 나와
장맛비에 종일 흔들리던
시름하던 달빛그림자
나뭇가지에 걸터 앉아
보고픈 얼굴 토로하며
연일 여름나기 답습한다.

봄을 수선하다

푸르게 빛나는 눈빛
채 가시지 않은
겨울 끝자락의 햇빛 붙들고
일어서는 한낮

봄보다 먼저 마실나와
조잘거리던 제비들은
정자 처마 밑의 낡은 나무의자
허름한 둥지 수선하다 말고
앙상한 벚나무 가지에
뽐잡고 걸터 앉아
무성하게 자라는
거미줄만 탓하고 있다.

3부

일상을 헹구다

장터에서

미세먼지 속에 멀어진 산마루
겨울바람 푸석한 숨결들
장날 햇살은 손길처럼 따스하다

어물전 삼거리에는
정당인들의 맹세와 악수
충성이 춤추는 곳

구석진 골목마다 퍼지는
국화빵 노릇노릇한 향기 속
할머니의 희미한 목소리는
윤기 잃은 물고기처럼 힘이 없다

해는 기울고
북적임은 썰물처럼 물러가는 얼굴들
남겨진 꿈들 바람에 맞서 서성인다

노곤한 저녁
눈썹달을 기다리며
내일을 향한 준비 짐을 꾸린다.

빨래

하루의 노곤함이 모여
저마다 목소리를 돋운다

누비던 흔적 드러내며
값진 땀방울 쏟아내고
쏟아지는 햇살
발 밑에 묻어
휘청거리던 표상
어깨에 내려앉은 무게들

하나,둘 털어낼 때 즈음
힘든 일상 속 보석들은
또 다른 내일을 꿈꾸고 있다.

오늘 하루 쯤

넘칠 듯 일렁이는
부서진 햇살의 잔 조각들
창문 턱에 반 쯤 걸치고는
감긴 눈을 간질인다

또 다시 주어지는 출발
메마른 숨결이
가슴 한 쪽을 채우는
늘 한결같은 하루
시간 속에 갇힌 채
메아리 귓가를 맴돈다
빛바랜 추억으로 묻힐
알 수 없는 내일의 반쪽

너를 부를 수 있어
나는 행복을 배운다
푸른 하늘같은 친구야

부서지는 햇살 저 너머
함께 가보지 않으련-,

꿈꾸는 바다

잔잔하던 바다
깨어 눈을 뜨면
먼 발치 걸려 있던
빛부신 햇님은
갈매기 떼를 부르고

기다림 넘실대는 파도
밤새 뒤척이며 헤매이던
뒷동산 꿈길 더듬어
내면에 흐르는 물줄기
끌어올린다

보고픔의 실타래
얼기설기 엉켜 있는 마음
달래주려는 듯
속삭이는 빛줄기
한 줌 쏟아지는데
세월을 잃은 노을은
치잣빛 하늘 감긴 가을
담아내느라 분주하다.

민족의 꽃

무궁화 꽃이 피었습니다
삼천리 방방곡곡
길가에, 울타리에
소담하게 피어난 희망가
흐트러짐 없는 자태는
압박과 서러움 견디어 낸
인고의 나날이라

다가서서 보면 피요
만지면 부스럼이라
허황된 시인의 목소리
숨죽여 지낸 민족의 혼불
눈의 피꽃이란 서러움
안으로만 삭히며
통곡하던 시절에도
일편단심 꽃말로 서서
굳굳하게 피워낸
민족의 얼굴 비춘다.

치매

뒤돌아보니 아무도 없고
푯대를 향하여 가는길
끝내 지워진 얼굴들
풀어내지 못한 채
낡은 실밥만
뜯고 있다

휘저어 쓴나물처럼
느슨한 허리띠
동여 매려하면
먼 그곳에 나뒹굴어져
텅 빈 공간만 헤메는데

돌아서면
처음 그자리

바닷가에서

떠나지 못하는 얼굴
서성거리던 언어가
파도에 부딪쳐 되돌아오고 있다

은빛 비닐 입은 비릿한 물고기들
퍼덕거리는 바다
그리움 버리지 못한 얼굴 하나
건지지 못한 사진첩같은 모래들
서걱서걱 행복한 울음 울고
막차처럼 갯벌에 머뭇거리다
숨겨진 속살처럼 보일 듯 말듯
포개져 흐느끼는 바람의 흔적

부러운 듯 누워 뒹굴고 있다
발돋움하여 바라보는 하늘
왜 그리 맑은지 아이들 눈망울
두 눈 가득 호수에 담고 싶다.

갈림길

언 가슴 눈물 녹아내리는
불빛 타오르는 산마루
겨우내 숨겨둔 옛 이야기
다시 살아날 때,
마른 가슴에 서늘한 바람
삭정이 사이로 내민 텅 빈 얼굴.

하얀 물새들의 부름에도
무심한 바람결은 야속할 뿐
평행선을 고집하는 것도
동상이몽의 꿈도 아니었음을
헤어나지 못한
남다른 사랑만
애달프게 느껴진다.

기쁜소식 전하리라

높은 산등성 굽이진 곳에
세찬 바람 몰아치는
험난한 광야를 지나
인내와 연단으로 짜여진
소망의 옷 덧입으니
깊은골엔 잔잔한 은혜의 샘
넘쳐나고 있습니다

기력은 날로 쇠하고
늠름하던 모양새도 빛바랜 채
볼품 없는데
너는 내것이라 인쳐주신
주님의 사랑
귀한 청지기로 세워주심
감사하나이다

잘리운 나무 연륜 다시 새기듯
어제는 죽고 생의 태동으로

발돋움하는 오늘
복음의 전신갑주 믿음의 방패
구원의 투구와 성령의 검으로
악한 자의 화전을 소멸케 하사
팔 다리 용솟음쳐 닿는 곳마다
등대되어
기쁜소식 전하리라

생일 아침에

빛과 어두움 함께 하는
곳곳마다 작은 생명
예정하신 바 보내신
귀한 축복이라

참담하게 무너진 육신
우중충한 하늘 보며
작아진 내 모습 이제 알아
인내와 연단으로 짜여진
찬송의 옷 덧 입으니
생명 흐르는 뿌리마다
어우러져 출렁이는 젖줄

잘리운 나무의 생생한 연륜
다시 새기 듯 생의 태동으로
다섯 발가락 발돋움하는 아침
부족한 이에게 부어주신 하늘사랑
내 잔에 부어주신 오병이어의 그릇

갈망

견고한 우물 열고
속 샘물 길어 올려
우주에서 내려오는 먼지
걷어내고 걷어낸 진실
푸른 초장 목마르지 않은
생명의 단물 마시고 싶다

낡은 옷 자락에 묻은 아픔
손가락 사이로 흐르는
지울 수 없는 몸부림의 끝

스쳐온 세월속에 익은 목소리
비 흐르 듯 스친 숱한 신앙고백
너풀거리듯 무대자락 잡고
황황히 떠난 사람들 기다리는
여인의 속내 빗물 흐르는 큰 강물에
날개 접히어 떨어지는
셀 수 없는 날들 소망을 안는다

이제 방황은 끝나 거울 돌려놓고
저고리 깃에 가슴 누르며
장독대처럼 지켜온 날들 묵상한다.

일상에 묻혀

솔방울처럼 깊은 영감이 느껴웠다
요동치던 바람의 흔적
아리따이 흐르는 고요의 움직임
살강거리는 주름진 표정
산다는 것은
그렇게 별빛처럼
스쳐 지나는 영혼의 나림

다듬이돌 두드리는
신명 한 모금 가라앉아
긴 체념으로 점철된
내 일상에 잔잔한 강물처럼
은빛의 기쁨으로 가득히 고여
간증처럼 흐르고 있다.

손주녀석 재롱이 걸려있다

정오의 태양 이별의 키스
황혼 들녘 넘나드는
너의 시절은
풍랑이는 바다를
표류하더니
흙에 묻혀 살리라던
작은 바람 아닌 바램
앙금되어 가라앉고

변함없이 쪼아 온 생활
토닥거리는 반려견
부서져 흘러내리는
옷자락 여민 내 투명한
유리에 배인 일상은
눈부신 해바라기의 영화

폐지 줍는 할머니

언제나 봄날이고 싶었다
겨울 끝자락 언저리에
포릉포릉 이슬이 맺히고
하나 둘 멀어져간
어릴적 동무들 그리움에
서러운 눈빛 가물거리는데

새벽을 깨고 바람을 가르고
기약없는 골목마다
분주한 하루를 열면
힘을 잃은 동공엔
손주녀석
재롱이 걸려있다

삐걱거리는 수레바퀴 위에는
고단함 가득 묻어난
구겨진 종이
어지럼증 호소하고
내딛는 발걸음
휘청일 때면

전봇대 아래
뒹굴며 바스락대던
비닐봉지 한 개
바람에 휘날리는
새벽이 서럽다.

희망 한 줄기

숱하게 놓인 디딤돌 앞에
내딛는 무게는
서러운 질곡이었다

가슴을 가르는 비바람
눈물 샘 마른 가슴속엔
하얗게 웃는 박꽃 피어나
변함없이 자리를 지켜온
바윗장 같은 그대
많은 날 걸어온 발자취
화사한 꽃 피어나니
소담한 열매 한 줌
가슴 설렘으로 벅차 올라
또 다른 내일을 꿈꾸고

밤을 잊어버린 밤이 오면
동주의 밤하늘 별빛에 감겨
쌩떽쥐베리의 어린왕자로
손꼽아 별 헤는 소녀되어
코발트 색 하늘에 안겨
주인 잃은 돼지꿈을 꾼다.

참새의 하루

키 작은 나뭇가지
오르내리며
커다란 나무 끝에
둥지 튼 새 한 마리
포물선을 그리며
맘껏 고프다 야단이다

미풍이 살강일 때마다
꽃들의 향취
아련한 눈빛만으로도
황홀한데
개울가에 아른거리는
수선화 꽃술 위에
새하얀 구름되어 앉으면
숲속 하늘정원을 걷는다.

터미널에서

하루 해가 저물도록
앉았다 섰다 서성대며
삶의 잔영들을 품고
일탈을 꿈꾸는 대합실
오가는 발치 부산을 떨더니
나른해진 무거운 저녁
짜투리 시간을 땜질한다

즐비하게 늘어선
좌판들 사이
목청 돋운 아낙네
찰진 입담에
만물상 된 리어카 위엔
옛 꾸러미들이 추억을 삼킨다.

이산의 아픔

백두부터 한라까지
마주하고 싶은 인연들
애타게 바라만 본다
부르짖던 애절한 절규
살벌한 산야에 묻어둔 채

끊어진 허리 핏줄에 새긴
짓밟힌 잡초들의 외침들
녹슨 철로 위에 눕는데
오고가는 들짐승들 부럽다.

이산의 아픔(2)

푸른하늘 너무 넓어
바람도 쉬어 가련만
고통과 한탄의 눈물
하늘을 찌른다
짓밟힌 슬픈 울음에
멍든 하늘도 울고
땅도 울고

등돌리며 살아온 날들
이산의 아픔은
산을 이루고
겹겹이 쌓인 꿈
판문점 대화 끝에 매달린
이산가족의 움켜쥔 가슴 안고
말없이 오늘도 바라본다
자유로이 떠다니는
뭉개구름 푸르른 하늘을

삽겹살 파티

내딛는 두려움과
참을 수 없는 떨림이었다

펼치지 못한 서러움은
달궈진 무대 끝자락에 누워
현란한 춤사위 펼치고
견뎌낸 아픔 만큼이나
우짖는 통곡의 외침은
몸살을 앓고 누운 채
풀어낸 회포속에 묻혀
체념한 듯 두 눈 감는다

안으로 삭여온 핏빛 한숨
무대 위에 불타오른다.

하품 앓이

잠들지 않는 영혼 꿈틀대며
천리를 내달리던 사연들
산등성이 잡목들 일렁임에
헤어나지 못한 꿈길 오른다

금성산자락 위로 펼쳐진
부서지는 꿈 조각들
앞다퉈 쏟아져 나오고
온 몸 뒤흔들어 깨우면
잠자던 세포들 눈을 뜨고

발걸음 재촉하는 길목에
종종걸음 속 이어지는
소리 없는 반항의 유희

하마처럼 소리내며
부끄러운 손을 가린다.

인고의 아픔

하루 해 몸겨누운 저녁
오솔길 따라 산보 행렬
얼어붙은 풀뿌리마다
인고의 아픔 새겨있다

가슴 출렁거려 할 말 잃은
여린 가지들 사이로
우직하게 서 있는
무성한 나무들

나만 아는 욕심많은 세상
고달픔 털어낸 이력서
온몸으로 새겨드는 듯
움츠렸던 자서전 휘청인다.

축제의 밤

시린 가슴 녹아내리던
초겨울 밤 고드름처럼
공주고을 별빛으로 수놓은
서정적 감미로운 아리아
가슴 후빈 오페라 공연
심연 가득 가두어 둔 사랑에
이른 새벽을 깨우는 기도처럼
애절함이 끓고 있다

도니체티 사랑의 묘약
남몰래 흐르는 눈물에
우아한 서정적 선율이 앉아
십이 월 밤 감동의 꽃 피어나고

바람이 깨우고 간 황량한 들판
첫 눈이 소리없이 내리는 날
부푼 가슴 설렘으로 머무는
첫사랑의 작은 떨림이었다.

무릎관절

잔주름 흘러가는 강물처럼
눈물은 떨어져 내리는
조각된 자화상 속에서
먼 산을 바라보는
그리움에 젖어
앞만 보고 달렸던
걸음, 마음만이 앞서고

주춤할 때마다
삐그덕 고장난 수레처럼
이어진 간극 마다
휘몰아치는 모진 바람
바람에 흔들릴 때
덜그덕대는 소리마저
찬바람에 몸서리치며

그렇게 남겨진 빛바랜 이력서
정형외과 엑스레이 사진처럼
기울어진 햇빛 아래
소리 없이 채워가며 바라본다.

치과에서

벗겨낼 수 없는 과거를
문지르고 있다

오래된 세월들 마모되어
조각난 시간들이
입안 가득 스치며

뽀드득 피부처럼 빛나던
사진첩 닮은 젊은 날
아귀의 싸움 속에서
삶의 깊고 냉정한 맛이
입안에 서리를 내리고
텅 빈 공허함 돌맹이처럼
왜 그리도 무거웠는지
세월의 멍에를 벗기 위해
칼날같은 신음을 토해낸다

깊은 계곡 이끼 낀 돌벽에
마음의 뿌리를 내리고
반복된 인내의 날들을 딛고
생의 한 조각 마디 마디
올려놓은 크리스탈 보석들

구석구석 담금질 진동하며
삶의 고뇌 속 두꺼운 찌꺼기
무겁던 하루 상쾌한 아침이다.

4부

그리움을 찾아

새벽시장

희미한 어둠을 살라먹고
새벽부터 밀려드는
역군들의 잰걸음
분주하게 아침을 깨운다

잠들 수 없는
아비들의 하루 일당은
동그라미 그리는
각기 다른 몫의 봇짐을 메고
희뿌연 공기 들이키며
삶의 공간을 넓히고 있다

선잠에서 깨어나
눈꺼풀 위에 내려 앉은
졸음 밀어내랴!
가득한 봇짐 비우랴!

줄지어 길게 늘어선
아버지의 무게들은
목젖 훤히 보이도록
목소리 돋운 등자락에
연륜 쌓인 그리움 걸리는데

고향 빛 들녘 향기 묻어나는
새벽 하늘은 유성처럼
구리빛 얼굴을 비춘다.

세월속의 당신 (1)

해묵은 서랍장엔
등 자락에 매어진 슬픔
가닥가닥 개켜 있다

미어질 듯 아픔 만큼이나
갈색 그림자로 다가서는 얼굴
시들지 않은 시심으로
하얗게 웃고 있다

밤바람에 꺾이는
앙상한 나뭇가지로
창틀에 부딪히는
세찬 바람으로
더 이상 다가설 수 없는
자리매김으로

가까운 듯 먼 곳에
누워만 있는 눈빛
심연속에 녹아 흐른 뜨거움
토해내고 싶다.

그대 안에

그믐달 사위어 가는
그대 낯빛에
젖은 새 한 마리
힘겨운 듯 퍼덕이는데

불씨처럼 가슴
한자락 접어둔 오욕은
사그라지지 않은 보랏빛 그림자

무심한 관용의 토닥거림에
각질로 굳어버린 눈물들
치유될 수 없는 가슴앓이

칼바람보다 세차게 통곡하며
뇌성 일 듯 큰소리치는
돌개바람도 가슴으로
얼큰한 트롯트를 마신다.

그림자

바람의 손짓 한 번에
사그락대는 이파리마다
봄의 긴 여운으로
은빛 햇살 조각내는
싱그러운 삶의 외침

손끝에서 쏟아내는 거미줄처럼
가느다란 한방울 웃음마저
발밑으로 옮겨온다

서로의 짙은 숨결
힘든 어깨 다독이며
코끝을 적시는 솔잎향
나눠주는 늘 함께인 친구

그늘로 가리운 작은 떨림까지도
맑은 눈에 잠기듯
변함없는 기다림은
나에게 수긍하는 너의 고갯짓
검은 뒷모습 데칼코마니

시인의 길

신명과 넋을 시집
한 권에 쏟아부어
범접하기 힘든 시어들
망설임과 두려움 떨쳐
모진 삶의 무게 담는다

천부적 시인은 어떻고
미숙한 글쟁이면 어떠하랴!

끝없이 헤메이는 깊은 밤
다듬이 두드림 끝에는
고뇌속에 빚어진
백지 위의 걸작품

넋두리

빈 마음 들여다 본다

한걸음 묵은 때 벗던 나무
꿈을 길어 올리고

소나무 위에 앉았다
전봇대 위 날개 펴던 새들
재잘거림 찾느라 담방거린다

풋풋하던 내 일상 속 시어
푸석한 내면을 채찍하는데도
나는 온종일
침체된 마음속에
깨어나지 못한 무명시인

애꿎은 낱말만 읊는다.

낡은 실타래

흔들리는 풀잎 속삭이는 바람처럼
스치는 머리카락 멀어지는 발자국
슬픔에 흐느끼는 어깨 다독이며
지나간 일들은 지난 여운일 뿐
기억 저 편의 현란한 허상
가라앉은 앙금들은
희석하지 못한 자화상
자멸해가는 꽃불 되어
그대 안에 돌아눕는다.

멍에

산등성 굽이굽이
세찬 바람 몰아치고
한 줌 바람의 신음
멍든 가슴 움켜쥐며
긴 밤 풀어놓은 사연

담아내던 하얀 편지
철없이 지난 수십여 년
반복된 일상에 묻혀
내면 가득 잠재되어
무한한 달란트는 빛을 잃고
찢긴 풀내음 나폴거리며

고단한 하루에 갇힌
매몰된 언어들도
세월의 강물 따라 흐르는
눅진 사연 헹구어 내는데
마음 한 켠 빛줄기
구멍난 우산 위로 쏟아진다.

거울 앞에서

세월의 강 거슬러 올라서는
풍화된 삶의 언저리마다
옹이 맺힌 연륜 포개어
쏟아내는 푸념 우뚝 서고

거친 손 끝에 우러난
여린 눈빛의 갈망
야윈 어깨 위엔
소용돌이 친 파도에 밀려
감내하기 버거웠던 고뇌
수북히 내려 앉았다

얼룩진 창에
골골이 피어난
그대 미소 달보스레하다.

첫사랑

시간에 얹히어
감내할 수 없는 저린 시선
심연 속 녹아든
그리움 펼치는데
첫사랑 꽃말에 묻힌
뒤섞여진 추억 더듬느라
그림자처럼 비틀거린다

보랏빛 등꽃 그늘의
가녀림으로
떠나지 못하고 남아
시공간 속에 갇혀 있는
그대와 나

세레나데

고운 달빛 어미품에
잠든 아이처럼
깊은 밤 영산홍 꽃잎들
새벽 마실 나온 고양이
발소리에 화들짝
놀란 가슴 움츠리는데

단잠 깨어 어찌할까나
그대 동공에 갇혀
울부짖은 수인번호
뒤척이던 푸념들
밤새 울부짖은
개구리들의 도돌이표
서러운 사연 묻는다.

문학의 꿈

내겐 늘 목마름이었다

날고파서 허둥댄 시절
헤아리니
지새운 백야의 고뇌는
숱한 습작에 날개 달고

자췻방 창 가 밑 한 켠에
수런거리는 낯선 시어들
달무리 사이에 걸린
별들도
이슬 건져내고 있었다.

노송의 여정

굽이진 강물따라 흘러간 이력서
거친세상 껴안은 채 거슬러 올라
뭇영혼들의 바람막이로
솟아오른 그대
현란한 빛과 그리움 뒤로
어느덧 무성한 노송이 되었구나

흐르는 나이 엮어내랴 동분서주
나뭇가지 서걱일 때마다
소리죽여 울던
일렁이는 마음은 이제
노을 비끼는
고운 단풍이로다

앙상한 가지에 걸터 앉은
외로운 이들에게
무수한 꿈과 사랑 품어줌이
가까이 두고도 보고픈
그림 닮은 인연
그대는 온 몸 다 내어주는 가시고기
쉼없이 뿜어내는 화수분이다.

연모

그대는
나의 동공이었습니다

태양이 빛나고
하늘 품고 있어도
내 안에 빛이 되어
녹아 흐르는 얼굴
어둠 속에서도
빛을 잉태하는

그대는
지울 수 없는 숱한 사연

가슴에 품고 있는 숲이었고
한없이 뿜어 내는
정갈한 우물이었습니다

그대는
달빛 삭여내는 영산홍

긴 세월 내려앉은
회한의 신음소리
거두어 내고 있습니다.

축복 속 그대들

시린 겨울
쉼 없는 기다림
정감으로 다가와 맞잡은
두툼한 두 손
금빛 사랑 기쁨 한줄기
축복속에 익어가는
이름 없는 일꾼들
진주 품은 너른 바다 닮은
가슴되리니

사랑의 새 움이 트는
기쁨의 시간
다시 태어나는 생명
많은 날들 풀무불에 잠긴
단련된 정금으로
하늘 가득 담은 겸손 배워
마지막 부르심에 합당한
밀알같은 선한 청지기 되어
친히 어두움 사르는 등불
피어나리라 생명의 빛으로

세월속의 당신(2)

빛을 잃어버린 어둠속에
은밀히 새벽을 차리며
버섬버섬 주워담은
저린 시간은
소리로만 흐르는 침묵이었다

아린 생채기 보듬고
살을 찢는 아픔 짓누르며
돌아앉은 마음은
시들어 버린 시심으로
하얗게 웃고 있다

어둑한 육신의 내부
목으로 넘어드는
들끓는 사연
노을로 쏟아내며
야윈 어깨위에
한 줌 빛의 노래
흩뿌리고 있다.

나이를 잊고 싶다

질척이던 어둠 아린 가슴
모두 빛알되어 열리는
시간의 영험
백색의 병실에 핏기가 돌고
싱싱하게 물오른 안개꽃
여린 생명 품어
거친 숨결 밀어냄은
하늘 흐르는 꽃다움에
새 움이 피어나
따스한 온기 품어내는 시간

귀밑으로 남실대던 소복한 말들
몸짓의 흔적만으로도
언어되어 쏟아지는데
차갑게 식은 손끝 감각
뭉개구름 위를 걷고 있다.

시작(始作)

조그만 체구 안에
놀라운 언어의 보물단지
물방울 한 개 작은 모래알
거부하는 현실앞에서도
업혀오는 아쉬움 분별의 잣대
한 웅쿰 뒤돌아 보면
피폐한 가슴자락 담아
살아가야 할 존재의 아픔은
내일의 지렛대 되어
시간의 그리움을 넘는다

소녀같은 오감으로 읽어내는
혜안으로 투시 맑은 영혼
하얀 도화지 비어 있는 공간에
개성있는 구도와 색감 입히면
온 몸 세포들이 깨어나서
젖은 영혼 마음껏 조각한다.

혼자라서

마음껏 달리던 드넓은 산야
녹음 드리워지는 초여름
우거진 수풀가 풀냄새 그립다며
익어가던 나이테의 흔적
지우고 있는 그녀
요양원 침대 굽은 새우되어
힘이 들어 모로 눕고는
텅 빈 젖가슴 내달라며
꾹꾹 눌러 담은
낡은 서러움
세울 수 없는 추억만 긁고 있다

따순 빛살 넝쿨처럼 휘어들어
침상 옆 창가 다소곳이 내려앉고
베어내고 짓누른 꽃이파리
무성하던 행복한 잔소리
가끔 듣고 싶은 희망꽃이다.

묻지 마세요

고단한 삶 뉘엿뉘엿
늙은 저녁처럼 기울어 가니
빛부신 바람 살부비며
시골 된장국 상추쌈
말동무 하잔다

설익은 웃음 두어 줌 굴러가는데
초록빛 언덕에 자릴 튼
꽃향기는
햇살 담아 애잔하게 들리는 트롯트
커피잔 어리는
그대 눈빛에 녹아
저린 시간들이 출렁거린다

하늘 구름 몰고다니던 바람
맞닿아 굴절되는 직립보행
쑤셔대던 세상 무게 지우고
소리없는 낭만고양이 걷는다.

더불어

푸른 새벽 깨우는 새소리
하루를 여는 설렘이다

라일락 벚꽃 어우러져
고요한 바람
온 몸 휘감으니
어스름 저녁 비끼는 황혼에
헝클어진 시간들이 허물고
지상 최상의 어울림으로
떨리는 심장소리 전한다

길가 후미진 동굴 안에
너댓 마리 고양이 가족
껴안고 부비고 먹이는
평화 최상의 어울림이다.

그대 앞에 설렘은

지천명 묻힌 삶의 깊이
노을 손짓 아랑곳 없이
붉은 꽃을 피워내고
온종일 댕강거리며
향기로운 땀방울 피어나는
붉은 노을 살갑게 다가온다

등자락에 씌워진 나이테
타들어가는 아픔의 끝자락
시계를 거꾸로 돌릴 수 없듯
큰 나무 그늘같은 휴식

힘차게 한 발 내딛으니
걸음 걸음 온유의 빛으로
길 위에 누운 별들도
신비로운 바다 위에 누워
백사장 모래알처럼 반짝인다

살아가는 동안 그대 안에서
콩냥거리는 사랑일 뿐이다.

연서 한 장

햇살 뒤에 숨어
허둥대는 솔바람
벼랑 끝에 매달려
신음을 토해내면
긴 밤 풀어놓은 사연
읽어내릴 사이 없이
애틋함만 서성거리고 있다

가을바람이 뿌려놓은
뜨거움에 설익은 나뭇잎새
간간히 불어오는
여름 향기에 호수
하늘정원 물이 들었다.

체념의 기로

휘몰아치는 모진 풍랑에
휩쓸려간 혈흔같은 꽃잎
이름없는 풀 한 포기
돌맹이처럼 지천에 널려
섧게 흘린 눈물위에 누웠다

바다 위 차오르고 싶다더니
그물 깊던 초췌한 얼굴되어
토해내는 한숨 서럽구나

차마 출력하지 못한 군상들
넋을 잃은 긴긴 심호흡
두레박처럼 길어올리고
균형 잃은 물살 보듬어
어둔 영혼 녹이고 있다.

황혼이 질 때면

지천으로 피어난
하얀 꽃 위로
파고드는 망촛대 뿌리
길목마다 눈물 고여
차마 밟지 못한다

온 몸 휘감은 생존의 노동
궂은 날 치솟는 용트림인가
해질녘 휘두른
몸둥이 하나
미세한 기압 변화에도
욱신거리는 육신의 간증
안으로만 타들어 가는데

파스 몇 장 하얀 꽃잎이
섬처럼 피어나고 있다.

우리 아가, 동규야

거리마다 보동보동
꽃망울 가득 푸르른 봄날
세상 구경 백일, 볼것도 많았지
하루가 멀다 일찌감찌 병원
나들이 시키더니

목청 돋우느라 이마엔
붉은 꽃이 송글송글
그리 애를 태우더니
벌써, 백일을 맞는구나

활짝 열린 작은 가슴은
풀내음 가득한 꽃밭이요
생명의 우물이라
풀섶엔 꽃단비로 내려 앉고
잔잔한 마음 물꽃으로 피어
끝없이 뿜어내는 샘물이다

생긋 웃으며 오른손 휘저을땐
영락없는 카라얀 예술가
우뚝선 너의 빛난 얼굴에
온세상 멜로디로 가득하고
나뭇가지 꾸벅졸던 새들도
푸르릉 푸릉 화답하는구나

귀한 어린양이 되려무나
하나님 사랑과 은혜 안에서
목청껏 노래하고 꿈도 꾸고
맘껏 뛰어 노는 축복으로

추천의 글

추천의 글

바람이 전하는 시작/심현옥

이 시는 작은 것들이 가지는 중요성과 고통을 긍정적으로 바라보는 시각, 그리고 창작의 즐거움을 통해 자신의 감정을 표현하는 것의 가치를 전합니다. 독자들에게는 삶의 고통을 긍정적으로 바라보고, 순수한 감각으로 세상을 바라보며, 창의적으로 자신을 표현하는 것이 얼마나 중요한지에 대한 시사점을 제공합니다.

첫 연

"조그만 체구 안에 가슴앓이
놀라운 언어의 보물단지
물방울 한 개 작은 모래알
거부하는 현실 앞에서도
업혀오는 아쉬움 분별의 잣대
한 웅쿰 뒤돌아 보면
피폐한 가슴자락 담아
살아가야 할 존재의 아픔은
내일의 지렛대 되어
시간의 그리움을 넘는다"

첫 연에서는 시인이 작은 체구 안에 감정의 깊이를 담아내는 모습을 그리고 있습니다. "놀라운 언어의 보물단지"라는 표현은 언어가 가진 힘과 가치를 강조하며, "물방울 한 개 작은 모래알"로 작은 것들의 중요성을 상기시킵니다. 시인은 현실의 거부와 아쉬움 속에서도 분별력을 잃지 않으려 하며, 뒤돌아보는 순간의 감정들을 묘사합니다. "피폐한 가슴자락"은 고통과 슬픔을 상징하지만, 이는 결국 "내일의 지렛대"가 되어 미래를 향한 희망과 추진력이 된다는 점을 강조합니다.

이 연은 감정의 깊이를 섬세하게 표현하며, 작은 것들이 가지는 의미를 재조명합니다. 또한, 고통과 슬픔이 결국 미래를 위한 힘이 될 수 있다는 긍정적인 메시지를 전해줍니다.

둘째 연

"소녀같은 오감으로 읽어내는
혜안으로 투시 맑은 영혼
하얀 도화지 비어 있는 공간에
개성있는 구도와 색감 입히면
온 몸 세포들이 깨어나서
젖은 영혼 마음껏 조각한다."

둘째 연에서는 시인의 창의력과 감수성을 강조합니다. "소녀같은 오감"은 순수하고 감수성이 풍부한 감각을 나타내며, "맑은 영혼"은 시인의 내면의 순수함과 통찰력을 상징합니다. 빈 도화지에 개성과 색감을 더하는 과정은 창작의 즐거움을 표현하며, 이로 인해 "온 몸 세포들이 깨어나서 젖은 영혼 마음껏 조각한다"는 구절은 창작의 순간에 시인의 모든 감각이 깨어나는 경험을 잘 묘사하고 있습니다.

이 연은 창작의 과정과 그로 인한 내면의 변화를 아름답게 표현합니다. 독자들에게는 자신의 감각과 감정을 표현하는 것의 중요성을 일깨워줍니다.

- **감정의 섬세한 표현**: 심현옥 시인은 감정의 깊이를 매우 섬세하게 표현합니다. 첫 연에서는 작은 체구 안에 담긴 감정의 깊이를 강조하며, 고통과 슬픔을 "피폐한 가슴자락"으로 표현하여 독자들이 그 감정을 느낄 수 있도록 합니다.

- **작은 것들의 중요성 재조명**: 시인은 "놀라운 언어의 보물단지", "물방울 한 개 작은 모래알" 등을 통해 일상에서 쉽게 지나칠 수 있는 작은 것들의 중요성을 상기시킵니다. 이는 독자들에게 소소한 일상 속에서도 큰 의미를 발견할 수 있다는 메시지를 전해줍니다.

• **긍정적인 메시지 전달**: 첫 연에서 고통과 슬픔이 미래를 위한 지렛대가 된다는 긍정적인 메시지를 전합니다. 이는 독자들에게 현재의 어려움이 미래의 성장과 발전에 기여할 수 있다는 희망을 제공합니다.

• **창작의 즐거움과 내면의 변화**: 둘째 연에서는 시인의 창의력과 감수성을 강조하며, 창작 과정에서 느끼는 즐거움과 내면의 변화를 아름답게 묘사합니다. 이는 독자들에게 창작의 즐거움을 느끼게 하고, 자신의 감각과 감정을 표현하는 것의 중요성을 일깨워줍니다.

독자들에게 주는 시사점

• **삶의 고통을 긍정적으로 바라보기**
  심현옥 시인의 "시작"은 고통과 슬픔을 미래의 희망과 추진력으로 전환하는 시각을 제공합니다. 독자들은 이를 통해 현재의 어려움을 긍정적으로 바라보고, 이를 극복하는 과정을 통해 성장할 수 있음을 깨닫게 됩니다.

• **순수한 감각과 통찰력의 중요성**
  시인의 "소녀같은 오감"과 "맑은 영혼"은 순수한 감각과 통찰력의 중요성을 강조합니다. 이는 독자들이 자신의 순수한 감각과 직관을 믿고, 이를 통해 세상을 바라보는 시각을 넓히는 데 도움을 줍니다.

- **창의적 표현의 가치**

 둘째 연에서는 창작의 즐거움과 그로 인한 내면의 변화를 강조합니다. 독자들은 이를 통해 자신의 감각과 감정을 표현하는 것의 중요성을 깨닫고, 창의적인 활동을 통해 자신을 더욱 풍부하게 표현할 수 있다는 메시지를 받게 됩니다.

- **작은 것들에서 의미 발견하기**: 시인의 시는 작은 것들이 가지는 중요성을 재조명합니다. 독자들은 이를 통해 일상에서 쉽게 지나칠 수 있는 작은 것들 속에서도 큰 의미를 발견하고, 소소한 것들에 감사하는 마음을 가지게 됩니다.

 심현옥 시인의 시가 주는 좋은 점은 독자들에게 그가 표현하는 감정의 깊이, 창의력, 그리고 긍정적인 메시지를 강조할 수 있습니다. 이를 통해 독자들은 심현옥 시인의 시를 통해 자신만의 감정과 생각을 더욱 깊이 있게 탐구하고, 창의적인 활동을 통해 자신의 내면을 표현하는 데 도움을 받을 수 있을 것입니다.